MUST READ **ANALISI DEL LIBRO**

AF153917

La nausea

. . . .

Jean-Paul Sartre

ANALISI DEL LIBRO

Scritto da Pauline Coullet
Tradotto da Sara Rossi

La nausea

• •

JEAN-PAUL SARTRE

JEAN-PAUL SARTRE

SCRITTORE E FILOSOFO FRANCESE

- **Nato a Parigi nel 1905**
- **Morto a Parigi nel 1980**
- **Opere degne di nota:**
  - *Essere e nulla* (1943), saggio
  - *No Exit* (1944), opera teatrale
  - *Esistenzialismo e umanesimo* (1946), saggio filosofico

Jean-Paul Sartre è stato uno scrittore e filosofo francese. Nato a Parigi nel 1905, è cresciuto in un ambiente colto e borghese, che ha descritto in *Parole* (1963), un racconto autobiografico della sua giovinezza. Studiò scienze umane, sostenne l'*agrégation*, un concorso per l'insegnamento, nel 1929, e conobbe la sua futura compagna Simone de Beauvoir (scrittrice francese, 1908-1986). Diventa insegnante di filosofia e pubblica il romanzo *La nausea* (1938), accolto positivamente dalla critica.

Un anno dopo, Sartre fu arruolato nell'esercito. Viene fatto prigioniero e, dopo il suo rilascio, si unisce alla Resistenza. In questo periodo scrive il suo primo saggio filosofico, *Essere e nulla* (1943). Verso la fine della guerra, incontra Albert Camus (scrittore francese, 1913-1960) e collabora con lui al giornale *Combat*. Parallelamente all'attività di resistenza, scrive una serie di testi letterari in cui espone la sua filosofia e la sua definizione di letteratura, passando dai romanzi alle opere teatrali. Le sue opere più famose sono *Le mosche* (1943) e *Senza uscita*.

Dopo la Liberazione, Sartre fondò la rivista letteraria e politica *Les Temps modernes* ("*Tempi* moderni"). I suoi libri ebbero un enorme successo ed egli divenne il leader del movimento esistenzialista. In termini di politica, si avvicinò al Partito Comunista (anche se non vi aderì) e sostenne il Fronte di Liberazione Nazionale, che cercava l'indipendenza dalla Francia, durante la guerra d'Algeria.

Nel 1964 rifiutò il Premio Nobel per la letteratura perché, a suo avviso, lo scrittore deve "rifiutare di lasciarsi trasformare in un'istituzione". Non accettò mai premi, poiché riteneva che diventare un'"istituzione" avrebbe limitato la sua libertà. Partecipa ai disordini civili in Francia del maggio 1968 e muore a Parigi nel 1980.

LA NAUSEA

IL ROMANZO DELL'ESISTENZIALISMO

- **Genere:** romanzo filosofico
- **Edizione di riferimento:** Sartre, J.-P. (2000) *Nausea*. Trans. Baldick, R. London: Penguin.
- **1ª edizione:** 1938
- **Temi:** esistenzialismo, estraneità, visione del mondo, assurdità, società, arte

La nausea è un romanzo filosofico di Jean-Paul Sartre pubblicato per la prima volta nel 1938. Il libro ha reso Sartre famoso e ha riscosso unanimi consensi nel mondo letterario.

La nausea ha richiesto otto anni di lavoro ed espone la filosofia esistenzialista di Sartre sotto forma di diario immaginario. Con il passare dei giorni, Antoine Roquentin, narratore e protagonista del romanzo, scrive del senso di estraneità e di impotenza che lo travolge di fronte a un'esistenza che scopre essere inutile e irrazionale. Sente di essere inutile in un mondo che gli dà la nausea, dove tutto accade senza motivo o necessità e semplicemente esiste. In questo libro, Sartre rifiuta la saggezza popolare e sostiene che l'esistenza precede l'essenza.

SINTESI

A Bouville (in francese "Città del fango"), una piccola città immaginaria che ricorda Le Havre, Antoine Roquentin, un giovane solitario, sta scrivendo una biografia del marchese de Rollebon, un aristocratico del XVIII secolo. Antoine aveva lasciato Bouville per viaggiare. Ha vagato per l'Europa centrale, il Nord Africa e il Medio Oriente prima di tornare nella sua città natale, stanco di quella che credeva un'avventura. Da tre anni conduce un'esistenza intellettuale isolata: è un uomo dai mezzi indipendenti e ha la possibilità di osservare il mondo e di prestare attenzione alle minime cose che lo circondano.

Un giorno, Antoine vive un'esperienza che lo sconvolge e lo affascina allo stesso tempo: all'improvviso, il mondo gli diventa sconosciuto. Quando raccoglie un sasso sulla spiaggia, si rende conto che le cose, o almeno la sua percezione delle cose, sono cambiate. Ha la sensazione che gli oggetti abbiano improvvisamente assunto una vita propria. Sono loro a toccare lui e non il contrario. Questa nuova visione del mondo è una rivelazione o un attacco di follia? Per capire cosa gli sta succedendo, Antoine inizia un diario a cui dà il titolo di *Nausea*. In questo taccuino racconta in modo disomogeneo e frammentario le sue esperienze, per quanto banali, le sue paure e i suoi interrogativi:

> *"La cosa strana è che non sono affatto disposto a considerarmi pazzo, e anzi vedo chiaramente che non lo sono: tutti questi cambiamenti riguardano gli oggetti. Almeno, questo è ciò di cui vorrei essere sicuro. [...] Forse, dopo tutto, si è trattato di un leggero attacco di follia".*

In biblioteca, si trova nell'impossibilità di scrivere il suo libro storico: come può scrivere di qualcosa che è già accaduto? Fuori, racconta al lettore la sensazione di essere sfiorato da un pezzo di carta che raccoglie e l'impressione di "una specie di nausea" che lo investe quando sente gli oggetti più piccoli che esistono. Ben presto sperimenta questa sensazione di estraneità anche con le persone. Un pomeriggio non si riconosce quando si guarda allo specchio. Spaventato, si reca in un bar, che è l'unico luogo in cui può rilassarsi e sentirsi bene: lì diventa parte di una folla anonima, mentre il rumore e l'alcol lo isolano dalle stranezze del mondo esterno.

L'attrazione che questi nuovi fenomeni esercitano su di lui è più forte di qualsiasi altra cosa. Abbandona il suo libro storico, di cui non vede più l'utilità, per dedicare tutte le sue energie all'osservazione di ciò che lo circonda. Non va più in biblioteca per lavorare, ma per osservare le altre persone presenti. Per esempio, si concentra su un uomo che soprannomina l'Autodidatta, un grottesco impiegato del notaio che vuole leggere tutti i libri della biblioteca in ordine alfabetico. L'umanesimo dell'Autodidatta lo ripugna: quando mangiano insieme, non può fare a meno di dirgli con forza che il mondo è stupido e l'esistenza è inutile perché nessuno si rende conto della vita delle cose o delle altre persone, e nemmeno della propria vita. L'universo è assurdo perché la sua legge assoluta è l'esistenza gratuita, priva di senso: "Ogni esistente nasce senza ragione, si prolunga per debolezza e muore per caso". Quando ci rendiamo conto di questo stato di cose, siamo colti da una sorta di nausea, che non passa finché non chiudiamo di nuovo gli occhi. Il disgusto di Antoine per l'esistenza aumenta quando, qualche tempo dopo, assiste alla dimissione dell'Autodidatta dalla biblioteca: si scopre che l'uomo aveva un debole per i ragazzi e continuava a cercare di accarezzare le loro mani.

Di conseguenza, il divario tra Antoine e il resto del mondo si allarga. L'assurdità delle persone lo disgusta. La borghesia che sfila dopo la chiesa e nei musei lo disgusta. Si stacca dalla società, lasciandosi andare al libero vagabondaggio, che lo rende impaurito e paranoico.

Antoine incontra Anny, sua amica ed ex compagna, e si rende conto che anche lei sta vivendo la sua stessa esperienza. Tuttavia, lei si rifiuta di ammetterlo. Rifiuta la verità perché è spaventata da ciò che entrambi hanno scoperto. Secondo Antoine, lei non vive più, ma sopravvive. La loro separazione è inevitabile. Dopo la partenza di Anny per l'Inghilterra, Antoine decide di trasferirsi a Parigi per un periodo. Prima di lasciare Bouville, ascolta in un locale la sua canzone preferita, *Some of These Days*, che gli fa venire voglia di creare un'opera d'arte, che ritiene essere l'unico modo per sfuggire alla nausea e comprendere correttamente la realtà. Decide quindi di scrivere un romanzo, un'avventura che "faccia vergognare la gente della propria esistenza":

> *"Non un libro di storia, perché quello riguarda ciò che è esistito […] Un altro tipo di libro, non so bene quale tipo – ma si dovrebbe indovinare, dietro la parola stampata […] qualcosa che non esisteva, che era al di sopra dell'esistenza […] Il tipo di storia, per esempio, che non potrebbe mai accadere, un'avventura".*

Antoine pensa che scrivere questo libro gli permetterà di ricordare la sua vita senza disgusto e di accettarla. *La nausea* si chiude con questa riflessione, mentre fuori dal locale sta calando la notte.

STUDIO DEL CARATTERE

ANTOINE ROQUENTIN

Antoine Roquentin è il narratore e il protagonista del romanzo. *La nausea* è il suo diario, il quaderno in cui scrive le sue esperienze e i suoi sentimenti. Antoine, che ha circa 35 anni, è un intellettuale isolato, immerso prima di tutto nella scrittura e poi nell'osservazione. Dopo aver trascorso diversi anni a viaggiare e a inseguire l'avventura in Indocina, decide di tornare in patria, in Francia. Quando torna a Bouville, si dedica alla stesura del suo libro sul marchese de Rollebon. Tuttavia, capisce subito che questo testo non ha alcuna importanza, perché non fa altro che parlare dell'esistenza di un uomo, quando l'esistenza è intrinsecamente ingiustificabile: tutti gli uomini esistono senza ragione. Arriva a questa consapevolezza grazie a una serie di eventi che ha visto e vissuto:

- Un sasso raccolto sulla spiaggia gli sembra che si muova da solo. Secondo lui, è il sasso a toccare la mano di chi si china per raccoglierlo e non il contrario.

- Un pezzo di carta lo sfiora quando lo raccoglie, come se l'intenzione venisse dal foglio e non da lui.

- Non riesce più a ricordare il nome di una radice che osserva per molto tempo. Cerca di darle un nome, ma non ci riesce più.

- Il suo stesso riflesso nello specchio gli sembra strano. Non è lui, ma un'immagine animata della sua stessa esistenza.

Antoine viene sopraffatto dalla nausea perché il mondo gli sta diventando strano e inizialmente pensa di essere impazzito. Poi capisce che l'esistenza precede l'essenza: egli esiste semplicemente, così come esistono le cose, senza motivo. È in seguito che si definisce attraverso le sue scelte e la sua soggettività. Le persone non sono consapevoli della propria esistenza, né di quella degli altri. Vivono una vita stupida e superficiale, rimanendo volontariamente ciechi nei confronti di ciò che li circonda per non dover provare questa spiacevole sensazione. Altrimenti, la loro inutilità e assurdità li spaventerebbe. Resosi conto di ciò, capisce che solo l'arte ci permette di raggiungere una verità pura e rasserenante, parlando non di ciò che esiste, ma di ciò che non esiste ed è solo finzione. Decide quindi di abbandonare la biografia di Rollebon per dedicarsi a un romanzo.

L'AUTODIDATTA

L'Autodidatta è un impiegato del notaio che trascorre la maggior parte del suo tempo nella biblioteca di Bouville. È un appassionato lettore e si è dato l'immenso e assurdo compito di divorare tutti i libri della biblioteca sfogliandoli in ordine alfabetico. Il fatto che si trovi sempre nel luogo in cui Antoine svolge le ricerche per il suo libro attira l'attenzione del narratore su di lui. Antoine mette da parte il suo lavoro per concentrarsi sull'osservazione di questo strano personaggio. Secondo lui, l'Autodidatta è caratterizzato da:

- **La sua assurdità generale.** Illustra il lato assurdo dell'esistenza con il suo piano di lettura estremo e il suo bisogno incontrollabile di passare tutto il tempo in biblioteca, ma anche con la sua visione delle persone. Antoine ritiene che il suo umanesimo sia ridicolo.

- **Il suo umanesimo e la sua ingenuità.** L'Autodidatta professa gentilezza e benevolenza verso le altre persone, che vengono soprannominate da Antoine "i Bastardi".

- **La sua ipocrisia.** Poiché il suo umanesimo e la sua ingenuità sono in fondo solo una facciata. Le sue azioni rivelano intenzioni molto meno nobili, visto che viene bandito dalla biblioteca perché è un pedofilo.

- **Il suo bisogno compulsivo di imparare.** È la cosa a cui tiene di più, ma gli viene tolta quando viene bandito dalla biblioteca.

ANNY

Anny è sia una buona amica di Antoine che la sua ex compagna. Quando la incontra a Bouville, pensa che torneranno insieme, ma presto capisce che non sarà così. Lei lo rifiuta, così come rifiuta la loro comune consapevolezza. Vuole a tutti i costi scrollarsi di dosso la nausea che l'ha sopraffatta di fronte a un'esistenza inutile e a un mondo sconosciuto. Vive nell'oscurità, con gli occhi chiusi sulla realtà del mondo: si limita a sopravvivere, spaventata da ciò che ha visto. Ride in faccia ad Antoine prima di chiudergli la porta in faccia e lasciarlo per sempre per andare in Inghilterra.

IL MARCHESE DE ROLLEBON

Il marchese de Rollebon è un misterioso (e fittizio) aristocratico che ha partecipato alla vita politica francese durante e dopo la Rivoluzione, nel XVIII secolo. Non ha un ruolo reale nella trama, ma ha un ruolo chiave sia nel romanzo di Sartre che nella vita di Antoine. Antoine fa ricerche su di lui perché vuole scriverne una biografia. Questo lo costringe a passare la maggior parte del tempo in biblioteca per trovare informazioni sufficienti a ricostruire la vita del marchese. Tuttavia, si rende conto di non riuscire a capire chi fosse veramente Rollebon. Ancor peggio, Antoine si rende conto che i suoi tentativi di incastrare il marchese servono solo a giustificare la propria esistenza: "Monsieur de Rollebon era il mio compagno: aveva bisogno di me per essere e io di lui per non sentire il mio essere". La sua interpretazione dice più dello storico che del suo soggetto: avanzando ipotesi sulla vita del marchese, Antoine rivela il proprio modo di pensare e di agire piuttosto che quello di Rollebon. Non saprà mai chi era veramente il marchese perché non c'è lui a dirglielo.

Antoine ha intrapreso questo lavoro per dare un senso alla sua vita vuota, ma ora si rende conto di aver commesso un errore. Poiché il marchese appartiene al passato, non esiste più: "Il mio passato è morto, Monsieur de Rollebon è morto". Rifiutando il marchese, Antoine rifiuta l'attaccamento al passato. Arriva quindi a capire che solo il presente conta. Il marchese de Rollebon svolge quindi un ruolo nella sua realizzazione esistenziale.

ANALISI

L'ESISTENZA PRECEDE L'ESSENZA

L'esistenzialismo di Sartre è espresso con forza. L'autore afferma che l'esistenza precede l'essenza: l'uomo esiste prima dell'essere, perché tutto esiste e viene creato senza motivo. Spetta a ogni persona determinare la propria essenza (cioè ciò che è) in seguito, attraverso le proprie azioni. Mentre l'esistenza ha un lato cupo e negativo a causa della sua artificialità e dell'orrore che colpisce chiunque se ne renda conto, l'essenza è legata a una sorta di elevazione purificatrice che rende ogni persona diversa. Per Sartre, esistenza ed essenza sono quindi due concetti opposti: l'esistenza riguarda principalmente il materiale, il primitivo e il generale, mentre l'essenza è immateriale e fa di ogni persona un'unità distinta.

👁 ESISTENZIALISMO

L'esistenzialismo è una filosofia che si concentra sull'esistenza umana.

La filosofia esistenzialista è emersa negli anni Trenta, influenzata in particolare dalle teorie di Kierkegaard (scrittore e filosofo danese, 1813-1855), che fu il primo a definirsi esistenzialista. Egli spiegava che il significato dell'esistenza si trova nella vocazione di ogni individuo. Ogni persona deve trovare la propria verità. L'esistenzialismo è salito alla ribalta all'indomani della Seconda Guerra Mondiale (1939-1945), quando si cominciò a porsi domande sull'uomo e sulla sua esistenza.

Sartre è stato il principale rappresentante dell'esistenzialismo in Francia. Secondo lui, "l'esistenza precede l'essenza", il che significa che l'uomo esiste senza motivo; la sua essenza non è determinata da Dio. L'uomo definisce la propria esistenza attraverso le sue azioni e le sue scelte. È quindi un essere completamente libero, padrone delle proprie azioni e del proprio destino («Existentialisme» in *Encylopédie Universalis*).

Antoine si rende conto dell'esistenza del mondo quando percepisce un serpente morto che esiste di per sé in una semplice radice d'albero. L'esistenza è questo semplice stato di presenza. Antoine la concepisce nel suo senso più concreto e sgradevole, e paragona la radice che esiste a qualcosa di viscido e sinistro: un serpente. Associa la sua realizzazione a una caduta, alla scoperta dell'inferno sulla Terra. Al contrario, quando alla fine del romanzo ascolta la sua canzone jazz preferita, raggiunge la sfera immateriale e rasserenante della musica: la melodia non esiste, è.

> "Non esiste. È persino irritante nella sua inesistenza; se mi alzassi, se strappassi quel disco dal tavolo girevole che lo tiene e se lo spezzassi in due, non lo raggiungerei. È al di là […] Attraverso strati e strati di esistenza, si svela, sottile e saldo, e quando si cerca di afferrarlo non si incontrano altro che esistenze, ci si scontra con esistenze prive di senso. […] Non esiste, perché non ha nulla di superfluo: è tutto il resto che è superfluo rispetto ad esso. È".

La ricerca di Antoine non è altro che il desiderio di raggiungere questa sfera immateriale dell'essenza. Nel corso delle sue riflessioni, si è costantemente scontrato con questa paura causata dall'esistenza primitiva che accomuna tutte le cose. Ascoltando questo brano musicale, si libera e capisce che deve creare lui stesso la sua essenza. La raggiungerà attraverso l'arte, che permette agli artisti di distaccarsi dalla realtà materiale.

LA NAUSEA

Antoine Roquentin, il protagonista del romanzo, illustra la filosofia esistenzialista di Sartre in quanto sperimenta la nausea, che è il punto di partenza della riflessione dell'autore. In effetti, il motivo per cui Antoine inizia un diario è che può andare a fondo di ciò che gli sta accadendo. Una strana sensazione di disagio, la nausea, sembra essersi impossessata di lui negli ultimi tempi. Ciò che gli appare come una sorta di rivelazione è il risultato di una grande riflessione da parte di Sartre: Antoine è quindi un manifesto dell'esistenzialismo, poiché il suo turbamento interiore gli permette di mettere in discussione la propria esistenza e il modo in cui essa viene definita.

Tutto parte quindi dal sentimento di disgusto, che è direttamente collegato alla percezione degli oggetti. Tuttavia, questo sentimento non proviene da Antoine stesso: è fuori di lui, nel mondo. È più una rivelazione che una reazione di Antoine.

Normalmente, nell'atto percettivo, un oggetto si presenta a un soggetto prima che questi lo valuti. In *La nausea*, la relazione soggetto-oggetto diventa reciproca. Il soggetto non si impone più su un solo oggetto, ma su più oggetti contemporaneamente; allo stesso tempo, più oggetti si impongono sul soggetto. Quando Antoine prende coscienza dell'esistenza delle cose, scopre il lato mostruoso della realtà. Ad esempio, osserva un sedile, che improvvisamente vede come esistente:

> *"Rimane quello che è, con il suo peluche rosso, migliaia di zampette rosse in aria, tutte rigide, zampette morte. Questa enorme pancia rivolta verso l'alto, sanguinante, gonfia – gonfia di tutte le sue zampe morte, questa pancia che galleggia in questa scatola, in questo cielo grigio, non è un sedile. Potrebbe benissimo essere un asino morto".*

Il disgusto suscitato in lui dall'improvvisa percezione dell'esistenza degli oggetti è la nausea.

Sartre collega il termine "esistere" a sostanze organiche viscide e repellenti, che sono generalmente collegate ad esso. Anche Antoine prende coscienza della propria esistenza. Un linguaggio cupo e negativo viene utilizzato per descrivere questa sensazione repellente e spaventosa dell'essere. In questo modo, il narratore vede parti del suo corpo trasformarsi in creature in grado di muoversi autonomamente:

> *"Io esisto [...] vedo la mia mano stesa sul tavolo. È viva, sono io. Si apre, le dita si aprono e puntano. È sdraiata sulla schiena. Mi mostra il suo grasso ventre. Sembra un animale a testa in giù. Le dita sono le zampe".*

Allo stesso modo, i suoi pensieri gli appaiono sotto forma di bobina: "Il corpo vive da solo, una volta iniziato. Ma quando si tratta del pensiero, sono io che lo continuo, io che lo svolgo". Il pensiero è una specie di "ruminazione dolorosa". Antoine sente l'angoscia del pensiero, che appare come un dolore sgradevole. Sebbene voglia "impedirmi di pensare", naturalmente non ci riesce:

> *"Esisto in base a ciò che penso... e non posso impedirmi di pensare. In questo momento – è terribile – se esisto è perché odio esistere".*

Qui Antoine porta il metodo del dubbio di Cartesio ("Penso, dunque sono") al suo estremo logico: "Esisto in base a ciò che penso".

La nausea è quindi una sensazione che proviene dall'esterno del corpo, dalla percezione. Si fa strada in Antoine e lo porta a interrogarsi sulla sua condizione. È una sensazione fisica che porta alla riflessione filosofica.

Tuttavia, sembra che Roquentin provi anche una sensazione che è in qualche modo l'opposto di questo disagio. Ad esempio, quando è al locale, la musica scaccia il disgusto dalla sua mente: "Non è cambiato nulla, eppure tutto esiste in modo diverso. Non riesco a descriverlo; è come la nausea eppure è esattamente il contrario". Questa sensazione è il sentimento dell'avventura. Il mondo è lì per lui e lui è lì per il mondo. In questo stato, gli sembra che ogni cosa abbia il suo posto, come una sequenza logica: "Ogni momento appare solo per far nascere i momenti successivi". Di conseguenza, è naturalmente attraverso l'arte (musica, ma anche scrittura) che Antoine riuscirà a liberarsi.

GENERI SEPARATI

Romanzo o saggio?

La nausea è un romanzo: come filosofo, Sartre ha spesso utilizzato la finzione, sotto forma di opere teatrali o di romanzi, per trasmettere le sue idee. In questo modo, la sua narrazione rappresenta personaggi immaginari, come Antoine, Anny, l'Autodidatta e il marchese de Rollebon, in una situazione fittizia. Tuttavia, il libro di Sartre è più vicino a un racconto con finalità filosofiche che a un romanzo.

Il primo titolo che Sartre suggerì per *La nausea* fu "Melancholia", dal nome della famosa incisione di Albrecht Dürer (pittore e incisore tedesco, 1471-1528), che raffigura un'allegoria della malinconia. Questo titolo si sarebbe adattato bene alla forma romanzata dell'opera di Sartre, in quanto evoca l'allegoria: l'espressione di un'idea attraverso una metafora e, quindi, attraverso una creazione fittizia. Tuttavia, il suo editore glielo sconsigliò, così Sartre diede al suo romanzo il titolo *La nausea*, che sottolinea il tema esistenzialista del libro. L'opera è una meditazione filosofica basata su un'esperienza personale, quella della nausea. Il lettore interpreta i pensieri di Antoine come se fossero i pensieri di Sartre e le sue esperienze come argomenti filosofici.

Simone de Beauvoir ha spiegato che l'ambizione di Sartre con questo romanzo era quella di "esprimere sentimenti e verità metafisiche in forma letteraria" (*La Force de L'Âge*, 2013: 512). L'autore utilizza quindi il romanzo per esporre la sua filosofia. Inoltre, la maggior parte dei suoi scritti è caratterizzata da passaggi tra analisi e finzione: ad esempio, il suo saggio *Essere e nulla* include esempi, descrizioni, scene e personaggi di finzione. Allo stesso modo, *La nausea* contiene le riflessioni filosofiche di Sartre, come quelle sul tempo:

> "[…] all'improvviso senti che il tempo passa, che ogni momento porta a un altro momento, questo a un altro ancora e così via; che ogni momento si distrugge da solo e che è inutile cercare di trattenersi […] La sensazione di avventura sarebbe semplicemente quella dell'irreversibilità del tempo".

La nausea è quindi un romanzo filosofico. Inoltre, all'interno della storia stessa, Antoine si rende conto che non sarà in grado di dire la verità sul marchese attraverso una biografia, ma piuttosto attraverso un romanzo.

Il diario

Questo romanzo si distingue anche per la sua forma: è scritto come un diario. Antoine è spaventato da ciò che vede come la manifestazione di una malattia mentale e cerca di analizzare ciò che gli sta accadendo utilizzando il suo diario, che è scritto in prima persona singolare. Con questo approccio, Sartre ha voluto far sembrare reale il diario e ha inserito all'inizio del romanzo una nota di redazione che spiega che i fogli sono stati trovati tra le carte di Antoine Roquentin e vengono presentati così come sono. Poi, nel primo foglio, che non è datato, viene fatto un tacito accordo: il narratore deve cercare di descrivere con precisione ciò che vede, senza esagerare o influenzare il lettore:

> "La cosa migliore sarebbe scrivere tutto ciò che accade di giorno in giorno. Tenere un diario per capire. Non trascurare nessuna sfumatura o piccolo dettaglio, anche se sembrano poco importanti, e soprattutto classificarli. [...] Credo che questo sia il pericolo di tenere un diario: si esagera tutto, si sta all'erta e si allunga continuamente la verità".

Possiamo considerarlo come una sorta di patto autobiografico, in cui l'autore promette di essere il più onesto possibile nella sua storia. In questo modo, accettando il patto, il lettore accetta di credere che si tratti di una storia vera.

La forma del diario è interessante, perché ci permette di seguire lo sviluppo della "malattia" di Antoine e la sua reazione ad essa: si fissa, si abitua, lotta, ci pensa e infine si mette a scrivere. Questo permette anche di creare un certo grado di vicinanza tra il lettore e Antoine, poiché, rivolgendosi a se stesso, condivide direttamente i suoi pensieri con il lettore. Tuttavia, questa apertura dà anche al lettore l'opportunità di mettere in discussione il punto di vista e l'interpretazione di Antoine. Antoine stesso fa un passo indietro per esaminare il suo modo di raccontare gli eventi:

> "Come ho potuto scrivere ieri questa frase assurda e pomposa: 'Ero solo, ma camminavo come una banda di soldati che scende in una città'. Non ho bisogno di parlare con un linguaggio fiorito. Sto scrivendo per capire alcune circostanze. Devo stare attento alla letteratura. Devo lasciar correre la mia penna, senza cercare le parole".

Non ci pensa due volte a criticare se stesso, perché vuole condividere la sua esperienza in modo oggettivo. Tuttavia, questo è impossibile. Cerca di studiare se stesso: cerca di vedersi come un oggetto, ma è ancora un soggetto. Questo tentativo fallito di oggettività riecheggia la sua biografia abbandonata del marchese de Rollebon.

Anche il lavoro di Antoine presenta alcune analogie con la tesi di laurea. Si tratta di un genere molto specifico, perché si basa sulla totale oggettività del suo autore. Non c'è spazio per lo stile individuale o il gusto estetico. Non è quindi il mezzo migliore per trasmettere la personalità attraverso la scrittura. In seguito, Antoine afferma: "Avrei fatto meglio a scrivere un romanzo sul marchese de Rollebon". In effetti, non riesce a scrivere mettendo insieme le informazioni sulla vita del marchese: più documenti accumula, meno riesce a cogliere il personaggio:

> "Non è per mancanza di documenti […] al contrario, ne ho quasi troppi. Ciò che manca in tutte queste testimonianze è la fermezza e la coerenza […] non sembrano riguardare la stessa persona".

In questo senso, l'autodidatta, che accumula metodicamente il sapere leggendo i libri in ordine alfabetico, si rapporta a questa idea portandola all'estremo: deve aver accumulato tutta la documentazione prima di poter iniziare a scrivere.

Antoine capisce allora che non sta scrivendo del marchese ma di se stesso. Infatti, pur difendendo "ipotesi ragionevoli che tengono conto dei fatti", è tuttavia "fin troppo consapevole che provengono da me, che sono semplicemente un modo di unificare le mie conoscenze", il che gli dà "l'impressione di fare un lavoro di pura immaginazione".

Questo lo fa sprofondare in una depressione che lo spinge a scrivere il suo diario e, allo stesso tempo, a interrogarsi sulla sensazione sgradevole che sta vivendo. Parallelamente, avverte l'estraneità del mondo e apprende, attraverso la sua biografia, che il passato non esiste.

Di conseguenza, per Antoine il diario è un modo non solo per liberarsi dalla nausea, ma anche per passare senza problemi dall'oggettività di una tesi alla libertà di un romanzo. Prima di tutto, Antoine tenta invano di scrivere una biografia. Poi si accinge a scrivere un diario, prima di trovare finalmente la salvezza progettando di scrivere un romanzo. Questo rispecchia il progetto di Sartre, che decise di scrivere *La nausea* non come un saggio ma come un romanzo. Antoine, che è combattuto tra il saggio (la tesi), l'autobiografia (il diario) e la finzione (il romanzo), è quindi modellato su Sartre. La presenza intrecciata di romanzo, biografia, autobiografia e discorso filosofico è l'unica risposta all'incontro nauseante con l'esistenza. Il romanzo è presentato come auspicabile perché permette allo scrittore di usare l'immaginario come mezzo per esprimere la propria soggettività:

"Ma dovrà arrivare un momento in cui il libro sarà scritto, sarà alle mie spalle, e penso che un po' della sua luce cadrà sul mio passato. Allora, attraverso di esso, potrei essere in grado di ricordare la mia vita senza ripugnanza".

Sartre predilige quindi la narrativa per sfuggire alla nausea e condividere con il mondo la sua filosofia esistenzialista.

Questo primo romanzo fu accolto positivamente dal pubblico e dalla stampa, anche se alcuni critici trovarono sconcertante la sua forma ambigua, a metà strada tra un romanzo e un saggio. Hanno criticato la grossolanità del suo vocabolario e il fatto che stesse divulgando la metafisica. Altri, invece, come Maurice Blanchot (romanziere e critico letterario francese, 1907-2003), hanno lodato la profondità dell'analisi, che l'autore non si è fatto scrupolo di inserire nel dramma dell'esistenza. *La nausea* fu un successo clamoroso e segnò l'ingresso di Sartre nella scena letteraria. Da allora è stato tradotto in circa 30 lingue.

ULTERIORI RIFLESSIONI

ALCUNE DOMANDE SU CUI RIFLETTERE...

- Spiega il titolo del romanzo.

- Quando Antoine Roquentin diventa veramente consapevole della fonte della sua nausea? Che cosa capisce esattamente?

- Fornisci cinque esempi di fenomeni osservati dal protagonista del romanzo che lo portano alla sua conclusione sull'esistenza.

- Quale posto essenziale assegna Sartre all'arte? Secondo lui, in che modo possiede una forza salvifica?

- Il romanzo ha la forma di un diario. Segue una cronologia precisa e verificabile o si basa sull'indeterminazione temporale? Spiegate come il sistema temporale del romanzo faccia parte del ragionamento filosofico dell'autore.

- Quali fasi psicologiche attraversa l'eroe del romanzo? Mostrate come seguono lo sviluppo del suo pensiero filosofico.

- *La nausea* dovrebbe essere descritto solo come un romanzo filosofico? Se sì, giustificate perché lo pensate. Se no, a quali altri generi si ricollega e perché?

- Mostrate come lo stile dell'autore si collega alla sua riflessione filosofica. È rigido e classico o spontaneo e frammentato?

- Il campo semantico delle sensazioni è ampiamente utilizzato da Sartre in *La nausea*. Trovate due esempi della presenza semantica di ciascuno dei cinque sensi nel testo.

- Nominare uno scrittore esistenzialista che ha seguito le orme di Sartre. Spiega brevemente le somiglianze e le differenze tra le loro rispettive teorie.

ULTERIORI LETTURE

EDIZIONE DI RIFERIMENTO

Sartre, J.-P. (2000) *Nausea*. Trans. Baldick, R. London: Penguin.

STUDI DI RIFERIMENTO

Encylopédie Universalis. (Senza data) *Existentialisme*. [Online]. [Accessed 2 May 2017]. Disponibile da: <http://www.universalis.fr/encyclopedie/existentialisme/>

Sartre, J.-P. (1964) Sartre sul premio Nobel. Trans. Howard, R. *The New York Review of Books*. [Online]. [Accessed 2 May 2017]. Disponibile da: <http://www.nybooks.com/articles/1964/12/17/sartre-on-the-nobel-prize/>

Vogliamo sapere da voi!
Lasciate un commento sulla vostra biblioteca online
e condividete i vostri libri preferiti sui social media!

www.50minutes.com

Master ISBN: 9782808690508
ISBN cartaceo: 9782808611909
Deposito legale: D/2023/12603/1470

Copertura: © Primento

Concezione digitale a cura di Primento, il partner digitale degli editori.